Igor Zanoni Constant Carneiro Leão

Língua nos dentes

Poemas

Curitiba
2019

CAPA E PROJETO GRÁFICO **Frede Tizzot**
ENCADERNAÇÃO **Patricia Jaremtchuk**

© 2019, CAJARANA

L 437
Leão, Igor Zanoni Constant Carneiro
Língua nos dentes / Igor Zanoni Constant Carneiro Leão. – Curitiba
: Arte & Letra, 2019.

112 p.

ISBN 978-85-94385-19-2

1. Poesia brasileira   I. Título

CDD   869.1

Índice para catálogo sistemático:
1. Poesia : Literatura brasileira   869.1

CAJARANA
Curitiba - PR - Brasil
Fone: (41) 3223-5302
www.arteeletra.com.br - contato@arteeletra.com.br

As pessoas com o hábito de escrever acabam muito ligadas. O que lhes acontece elas vão sem perceber transformando em um texto, nas linhas de um eventual poema, por exemplo. A vida se converte em arranjos de palavras, em uma mimese interior na qual a alma se plasma em uma certa poética. Mesmo quando buscam o silêncio e a quietude, e juram para si mesma não dizer nada, seu automatismo não se desliga, e logo se veem dizendo mentalmente um novo verso. Elas vão andando, uma ideia se forma, junta-se a outras e depois de curto tempo salta da mente uma fala completa. Dão com a língua nos dentes, e tudo recomeça.

Trem

duas pessoas podem viver
afastando-se à velocidade de um trem
mas recordam antigas expectativas
sonhos não realizados
o carinho que interrompeu
vez ou outra a fuga
o desejo de retorno
até que definitivo se frustre
rosas atiradas da janela
vestidos que se rasgaram
quartos de hotel onde se refugiaram
até que de novo se acendesse a luta
luzes mortas por todo o corredor
impossível ler o jornal
saber o que se passa com cada uma
o naipe de sopro toca um jazz
íntimo como o coração
mas os sons se confundem
quem disse que champanha não sobre?
não se sabe o que fazer
se há o que fazer e para quê

Mágica

as relações são mágicas caseiras
acerta-se pouco a pouco um jogo
de parcerias e itinerários cúmplices
mal se tem noção do que custa a cada um
e todos pensam estar agindo
da única maneira natural e possível
as falas se contém numa redoma
os passos em um círculo de giz
quando se está bem preso
comemora-se a elaborada liberdade
nunca palavra tão bela foi mais aviltada

Vinho

é preciso perder o que nunca
foi mesmo muito bom
que custou tanto esforço
situações equívocas
e também alegrias
que vieram e se foram
sem muita explicação
e muita complicação
sabemos disso mas insistimos
em que a neblina se torne
tempo claro de distâncias medidas
e que a alegria e a paz
venha por virtudes
como amor generosidade
quando não há consenso
sobre o que são tais virtudes
como encontrá-las
melhor deixar que o mundo
se resolva
não temos tanto assim com o mundo
melhor ir a passos mais lentos
até ficarmos para trás
junto com o vinho nos barris
que tem seu tempo próprio
para se tornar palatável

e cheio de espírito
que por agora o tempo é verde
não se sabe até quando
ou se amadurecerá

Toda mãe

objeto irredutível
oceano impensável
tigre e desejo
escapa pela fresta
um hábito de batom e seda
luta e sacramento
cerimônias de aproximação e recuo
corrente do golfo
vivificando o vasto Atlântico
no qual caem aviões da Air France
fotos de menina
solta pela casa
escondida embora
intempestiva se vai
destinos adjacentes
partem mudos
aeroportos lunares
lançam sinais
a nossas íris consteladas

Respirar

gosto quando respiro
e me concentro nisso
estar só e quieto
o mundo não cessa de passar
por mim mas eu percebo melhor
seus ardis
tudo que posso evitar
ou de que posso me proteger
quando a dor das coisas
bate no corpo e na nossa paisagem
mesquinha e incessante
sento-me quieto
e vejo como o mundo passa
vertiginoso
mas algo em mim sustenta
serenidade

Casa

assim há muito na casa
que se vai asselvajando
cantos do quintal que não tocamos
e são tomados por ervas bravias
pequenos seres imaginários
entrando pela cozinha
aninhando-se sob os tapetes
procurando no interior
tudo quando condiz com sua
natural condição
e começamos a temer por nós
batemos as cobertas para saltarem
as eventuais aranhas marrom
fechamos as frestas com jornal
isolamo-nos dentro de casa
sem essa flora e fauna ancestral
mas aos poucos ficamos sufocados
com tantas janelas fechadas
tanta falta nossa de naturalidade

Questão de método

por uma questão de método
aprofundamos a investigação
do que pensávamos que sabíamos
questionamos o passado outra vez
porque as novas percepções
revelam o que havia de oculto nas antigas
debruçamos sobre o antigo
em busca do presente
e o presente em busca do futuro
vivemos entre andaimes
reconstruindo o mundo
que naufraga

Abrigo

não espere muito
em troca de seu amor
uma terna moderação
uma moderada ternura
as aves fazem seus ninhos
e as raposas seus covis
faça com seu amor
ameno abrigo

Tísica

tempo de nêsperas
e ameixas
tempo de gueixas
fora eu Kawabata
tempo de vésperas
e de esperas
de aliterações e rimas
a peso de ouro
fôra eu Cruz e Souza
tempo de véus
alvas cambraias
salão dos beijos perdidos
dos passos inúteis
e a tosse o escarro
também se fizeram poemas
com a tísica e coisas piores

Legião

dizem que deus e o diabo
eram um só
como o pai é esse cara duplo
assim como caim e abel eram irmãos
e adão e eva um só
dizem que no princípio havia o um
mas em nós há muitos
há toda uma legião
de anjos e demônios

Nervoso

se estiver nervoso
arranhando a própria pele
andando camuflado de cidadão na rua
por dentro um inimigo púbico
de si mesmo
não beba não beije não escreva
sente sozinho
mas não leia não ouça música
não tente pensar
a paz é uma árdua conquista
não definitiva
nós existimos sob o império do não
sobre o mundo há um não
então sente sozinho
a noite pode durar
dias podem vir
você pode se danar
mas veja outra hora o que pode fazer
agora não

Precários

todos os filhos estão ali
em um retrato na parede
ou sobre a cômoda
meu pai quando visitou Curitiba
com ar condescendente de quem visita
os parentes pobres
minha mãe bem nova de laço
as mãos cruzadas sob o queixo
mas nem todos estão ali
contamos nossa vida pela metade
a metade que doeu mais
cortamos fora
achamos bom brigar e manter
certa distância regulamentar
para sempre
nós brincamos com o infinito
mesmo sendo tão precários

Gerações

quando o filho nasce é bom o pai
se preocupar com a própria morte
e cuidar para que o filho cresça com sabedoria
quando seu próprio pai morre
deve deixar um pouco tudo isso
para passar uma segunda mocidade
brincando com os netos
quando os netos crescem já é hora
de agradecer o cuidado que pôde ter com a vida
pedir perdão por suas tolices
e rezar por um último raio de lucidez

Cantinho

1
quando afinal eu tiver o meu
próprio cantinho
arrumarei as coisas uma ao lado da outra
na sua ordem natural e correta
assim será fácil encontra-las
e mais do que isso compreende-las

2
como tantas pessoas eu também
possuo uma pequena biblioteca
mas todos os seus volumes
contam a mesma história
e nunca sei se estou lendo
um episódio mais remoto
ou mais tardio
e se isso faz diferença

Drummond

o poeta trouxe os pesares e os pensares
do homem palavra em desuso
que alugava um quarto e ouvia
a noite a rua água entrando forte na caixa
leu para nós suas palavras
disse de seu amor e de seu dia que inquieto
fazia-se no país que sonhava
não sem política presos oligarquias
mas aqui e ali Oscar Murilo Mendes Bandeira
Gustavo Capanema
e andava de bonde como o homem da rua
falou mesmo de uma rua que com seu olho
espiava os transeuntes
nele a poesia encarnou o anjo esquerdo
duro como ferro que fazia a riqueza de Minas
e também a riqueza das coisas que estão
além das palavras e doem
para nós trouxe seu baú
mortos noivas retratos Josés a infância
difícil falar da casa paterna
da qual não tinha saudades
difícil falar de si de quem tampouco se é saudoso
mas incessante presente
entre seus bens a pedra em seu caminho
e a pergunta: então, para onde?
porque podia-se ainda perguntar
e tratar de responder

Avelã

poucas palavras são tão gratas
quanto avelã
ela lembra as comovidas ceias de Natal
com seus quebra nozes
e os avós de visita
a umidade dos quintais
sob os caramanchões de bucha
maracujá e de avencas
também me ocorre a lã macia
dos casaquinhos de bebê
aveludada e velada
doce língua tão portuguesa

Corpo

o corpo é o último limite
o mais à mão
claro refúgio na aflição
fonte dos prazeres velados
pala nossa conflituada liberdade
quando os olhos se turvam
e esgotamos as soluções
eis uma taça de vinho
eis um novo penteado
um sex appeal
uma canção que nos lembra
o que sonhamos e inventamos
cofre encalacrado dessa dor
todo se turva por essa desalmada
ânsia e necessidade de verto status
mas o que negamos a todos
em seu íntimo se abre
e floresce na úmida madrugada

Palavras

as palavras mais importantes
são "obrigado" e "desculpe"
quando não souber o que dizer
diga uma delas
ou as duas ao mesmo tempo
quando pensar ou não pensar bem
no assunto tenha certeza
o melhor é agradecer e se desculpar
na alegria e na tristeza
nosso vínculo essencial cabe
em "obrigado" e "desculpe"

Pó

todos são seu próprio louco
todos seu ser analfabeto
bem como ilustre letrado
fique para todos clara
a absoluta comunidade dos seres
que evolvem do pó ao pó

Dorflex

ela se foi deixando
suas caixas de comprimidos
pensei em devolvê-los
mas evitei novo contato
além disso pode ter sido
uma aposta inconsciente
de que sem mim eles seriam
dispensáveis
parece que ela começa
com otimismo uma nova vida

Sedução

há belezas que paralisam e comovem
olhar fixo de uma serpente atenta
não é necessário que seduzam
invertem os polos da terra
rompem com uma adega
ligações e compromissos
é impossível defender-se
há muitas coisas das quais
não podemos nos defender
melhor a prudente entrega
feliz como um cabrito solto
pastaria tranquilo
em seu monte de vênus

Apocalipse

o bom de ser evangélico
é não ver o apocalipse
como caos e destruição
diabos à solta e caldeirões ferventes
à espera dos pecadores
antes se espera o apocalipse
como a vinda próxima de Cristo
entre as nuvens
para que todo olho o possa ver
levando para si seus escolhidos
que são também os que o escolheram
entre trombetas de arcanjos
os mortos ressuscitando dos túmulos
a reunião dos que se tinham separado
quando menino tinha medo de morrer
minha oração noturna pedia sempre
a volta breve de Cristo
para que eu não precisasse morrer

Final de Ano

as mulheres no centro
quase todas gordas
a maior parte pequenas
e já não tão novas
vêm atulhadas de pacotes
devem ter gasto todo o cartão
das Pernambucanas
levam como podem
suas incômodas crianças
quando a criança tem fome e sede
compram pastel e refrigerante
que vão todas tomando na rua
porque não podem perder o ônibus
o dia passa e há ainda
tanto por fazer
até as jovens grávidas precisam sair
para se sentirem mal no calor
mas estas vêm com seus namorados
e maridos
porque são jovens e talvez levem
no ventre
um novo menino Jesus

Um homem decente

ele está vestido decentemente
mas não com seu melhor terno
a cabeça presa com um lenço
para o queixo
não cair
pranteado pelos próximos
um pouco indiferente
aos amigos da família
que cumpriam uma visita de praxe
afinal noblesse oblige
era tudo mais ou menos esperado
ele tivera tempo de dizer adeus
logo partiria para os montes e vales
do Santa Cândida
já maior que uma pequena cidade
alguns diziam banalizavam
palavras sobre o destino humano
outros se calavam
o que é bem melhor
pois não fora ele desta para a melhor?

A Hora Final

quando eu morrer
só espero que não doa
e que não fique muito assustado
ninguém chore muito
morrer é banal
não é o pior que pode acontecer
não penso no céu
acho que cada um faz o que pode
é o meu limite de otimismo
não Jesus não voltará
da mesma forma como não fizemos
a revolução
espero que o mundo se mantenha
que a humanidade tenha algum juízo
quero morrer em paz
não me incomodem muito

Baixio

os rios são lentos terrosos
acomodam-se nas margens vegetais
acolhem o ser com poços e funduras
inesperadas
silenciam a noite em volta
com o chiar de rás e rastros de cobras
nessa lentidão descem até o mar
exuberante de sol e de corpos cuidados
enquanto os rios cruzam os continentes
a seu modo primitivo e caboclo
o mar desconhecido cessa sua ira
no baixio das terras

Felicidade

paradoxal a felicidade
só se deixa conquistar
com unhas e dentes
e uma implacável vigilância
sobre o coração
muitos pensam que ela se assemelha
à paz mas ela se assemelha
a Shiva São Jorge Ogum
luta conosco nossas lutas
define que lutas são
dela somos fiéis devotos
com suas roupas e suas armas
nenhum inimigo
nos vê e nos alcança

Pão

o que me espanta
não é que vivamos
pequenas mortes cotidianas
a intransigência das coisas
que cai sobre nós como um cutelo
e que essas mortes tantas vezes
sejam pequenas desistências
transformando o suposto caminho
no qual seguíamos
mas que algo em nós siga sonhando
lendo romances
olhando os passantes
comendo apenas o que agrada
como se antes de nós houvesse
uma terrestre trajetória de banalidades
que insiste em nos trazer
dos precipícios
oferecendo pão e uma sobrevivência
a vida depois da vida
mesmo com cortes e visíveis suturas

Cansaço

as pessoas cansam
depois de um tempo regulamentar
de conveniências e fair play
elas começam a apresentar
sinais de fadiga
e voltam à sua verdadeira natureza
tornam-se irritadiças
pensam sempre no lucro
de cada transação antes de fazê-la
por menor que seja
esquecem o carinho e os bons modos
em suma começam a cansar
você pode tentar uma terapia
tentar reviver a relação
mas esse é um dado
tão frequente e generalizado
que é melhor aceitar logo a verdade
de que as pessoas cansam

Céu

bom encontrar quem compreende
quem não julga e aceita
quem pondera conosco
quem não precisa tirar nosso peso
das costas
nem o carrega para nós
porque mostra que não há peso
a carregar
bom quem apaga as diferenças
e nos olha com os olhos
da igualdade
com a qual o Céu nos vê

Eco

quando o bairro se aquieta
e silencia à noite
ouço o persistente e leve ruído
não sei se de grilos e rás distantes
ou o zumbido de meus velhos ouvidos
talvez seja o ruído de fundo
do universo
lembro de na infância parar
para escutar à noite
as rás incansáveis
talvez a doçura dessa infância
diga agora seu eco

Lixo

cuidado quando achar
que sua vida é um lixo
que a alegria já era
e que você está ferrada
cuidado quando arranjar
mil argumentos mostrando
que as coisas são assim mesmo
cuidado quando não se cuida
quando nada funciona
cara você está numa pior
ao ver que sua vida é um lixo
mas princípio da sabedoria
é o incômodo
a filosofia não é uma arte alegre
vai em frente e enfrente

Ele

Ele não está em um lugar
alto e oculto
nem preso entre imagens
e viagens a templos e santuários
mas entre nós
talvez não exista de modo positivo
mas constrói-se nos nossos gestos
nas nossas intenções
é tolice pedir-Lhe milagres
isto está ao alcance de curandeiros
e de benzedeiras
talvez não se importe
em ser considerado grande e todo-poderoso
talvez mesmo seja fraco
mas isso depende do que fazemos
e do que queremos
não há Senhor distante de nossa vontade

Salmo

muitas vezes estou com medo
não tenho clareza sobre o que acontece
não sei o que posso fazer
dentro do que eu posso me permitem
dentro do que esperam de mim
muitas vezes estou tão perdido
cansado das pessoas que não me dão caminho
nem passagem
estou marcado por minha vida
e por meus laços
não sou uma pessoa ingrata
mas tudo isto tantas vezes não basta
e até me deixa também confundido
por isso em minha vida
desde pequeno aprendi a estar perto do Senhor
mesmo que Ele não posso fazer nada
é meu amigo e não piora as coisas

Apenas humanos

momentos de plenitude
de completude e paz na vida
pode-se ter com uma dose de pó
ou com um surto maníaco
você vira invencível um deus
viver uma vida com sentido
para si e o outro o próximo
é mais barato e bem mais difícil
demora muito mas assegura
uma identidade humana
um coração desperto e compassivo
como isso é difícil!

Ler

pede-se que leia
que se contemple o livro
que se peça sobre o texto
entendimento
não apenas humano
mas do alto
muitos o leem a seu modo
mas é preciso ler
antes de uma forma estrita
e obediente
é preciso ler com diligência
ao mesmo tempo
que se trabalha e ora
há uma única maneira a rigor
como uma lâmpada
que ilumina a noite
como uma lâmina
que revela o entendimento
como uma faca da qual
se pode morrer ou viver

Herança

entre os dons do mundo
recebemos herança difíceis
que não podemos ou queremos
recusar nem aceitar
temos de avalia-las por longo tempo
pensar em cada aspecto
tentar essa e aquela forma
de fazê-las caber em nossa vida
se somos felizes
encontramos essa forma
se somos fatalistas
não colocamos nada em discussão
detestamos rupturas
mas se somos mais difíceis
e não vemos as coisas com facilidade
somos obrigados a uma vida
meditada

Mudar o mundo

quando estudante
li livros de economia e sociologia
para compreender o mundo
e poder mudá-lo
quando estive triste mais tarde
estudei teologia e filosofia
fiz análise e aprendi sobre Freud
para mudar o mundo e eu mesmo
todo o tempo li literatura
amei Graciliano Guimarães Rosa
tantos outros que me ensinaram
a sentir a pele das coisas
a sensibilidade do mundo se aguçou
e aprendi a tocá-lo com delicadeza
e ser cuidadoso para mudá-lo
mas o melhor foi ter meus filhos
e ser sempre amigo deles
uma pessoa visitou minha casa e comentou
"como seus filhos são diferentes!"
mas outro amigo respondeu
"claro, pois são filhos dele"

Canções de amor

não gosto de canções de amor
mesmo quando belas
mal tocam o que o poeta
chamava seu "mistério"
as pessoas têm necessidade de amor
mas este é um desafio ao futuro
quem ama senão de forma casual
inconclusa impermanente?
o amor se satisfaz de várias formas
em nosso mundo mutável
sem a fixidez das formas antigas
que tampouco eram boas
sobraram sonhos
só há amor no futuro
amor como esperança e talvez fé
e há amor nos túmulos
pois viver é conhecer
sempre mais próxima
a forma de nossa morte

Pulgas

acho que o problema são as pulgas
a gente vai ao cinema
toma um chope na cidade
olha as pessoas tudo vai bem
mas quando chega em casa
as pulgas sobrem de novo
pelas pernas

Trégua

muitos precisam já
resolver urgentes pendências
suas cabeças giram em vertigens
entre problemas que não sabem resolver
e a ansiedade de uma saída
muitos dão o tempo todo tratos à bola
preocupados com o rol de pequenas misérias
pequenos maus-tratos da nossa humana condição
sim há o amor insatisfeito
há muitas frustrações pois todos cobram
que você isto ou aquilo
face o valor das coisas
que o mundo é um avarento negociante
e belo tratante
sim há muitas respostas por buscar
e perguntas nem sempre bem feitas
há ansiedade que não acrescenta
um milímetro no caminho de uma solução
sem dormir perdendo-se em promessas
de que esperam mágicas
precisando de outros para mais uma cerveja
mais uma conversa tensa
rindo apenas com o encontro que dissipa
a sensação de solidão e isolamento
mas fugaz termina logo e nem qualquer coisa

a pessoas precisam descansar
precisam dormir desligar
como o paciente ferido de guerra
que tem a seu lado uma enfermeira
que o mima e relaxa
as pessoas precisam relaxar
a alegria começa num corpo tranquilo
na suavidade no toque ameno
as pessoas andam mais rápido
do que suportam
vamos todos para juntos um momento
e dar à vida uma trégua

Anticristo

eu não valho nada mesmo
muitas mulheres e alguns patrões
já me disseram
mas veja há coisas piores
como os traficantes e a polícia militar
se você ler por exemplo Mészàros
verá que pior ainda é o grande capital
ou o poder americano
eles estão acima do nosso bem e mal
a mim você pode ainda avaliar
não é bom avaliar a vida
dando uma olhada em mim?

Liberação

não exija taxa nem carimbo
foto ou passaporte
libera a moça para a viagem
para que ela saiba onde vai
não dê conselhos
não venda mapas
não recomende guias turísticos
não insinue que ela está em uma enrascada
libera a moça para a sua viagem
Deus sabe para onde ela vai

Montanha

é fácil se perder no mundo
porque ele tem poucos caminhos
um passo em falso
e se está fora do rumo
antes se falava que todos os caminhos
levam a Roma
mas quantos rumos se alcança
partindo de Roma?
será Roma o fim da jornada?
porque esta ideia de jornada?
melhor estar quieto e olhar as nuvens
melhor ser alcançado pelo tao
nestes tempos de degenerescência
melhor estar em sua caverna
como Milarepa na montanha
mas hoje as coisas chegaram a um ponto
que é preciso ver se há montanhas à venda
em uma imobiliária

Baú

há páginas no nosso caderno
que precisam ser rasgadas
jogadas fora
nem tudo que recordamos
merece ser guardado no baú
nem sempre as coisas correram bem
muitas foram bem estranhas
melhor jogar o baú logo
pôr fogo no quarto
e dar giro por aí
melhor salvar o corpo
que a casa

Pedreiro

o martelo do pedreiro
na construção ao lado
bate mais regular
que meu coração
a casa que constrói
abre suas janelas
segundo o curso da luz
mas em meu coração
há noite todo o tempo
na casa haverá uma família
que rirá nas festas
e contará o dinheiro
para que sempre dure
há tempo meu coração não sabe
de festas e de dinheiro

Pardais

Ito matava pardais
com um estilingue que fazia
os pardais eram considerados
uma praga
e não fazia mal matá-los
no verão quando saiam os içás
caçavam também para fritar
as bundas dos içás
gordas cheias de ovos
acho que Ito era meio selvagem
todos nós na rua
ainda éramos meio índios
e tínhamos uma cultura cabocla
que hoje sumiu

Minha alma

minha alma é uma poça
de água da chuva
na rua de terra
as pessoas desviam seu caminho
quando andam buscando o mercado
um cão ou outro vem beber
depois que a sujeira decanta
ninguém recolhe aqui
água para sua sopa
minha alma vale pouco
nesta periferia do mundo e da cidade
ninguém dela se enamora
mas os meninos brincam
e eu brinco com as crianças

Difícil

no ginásio aprendi
umas regras do bom viver
"não jogue m... no ventilador"
"já que a m... está feita
melhor não mexer mais nela"
e "não perca uma boa ocasião
de ficar calado"
olhando para o passado
vejo como eu era mais sábio
como agora sem meus decálogos
minha vida ficou difícil

Pólen

com certeza você perdeu
um amor um pai um amigo
é da natureza da vida
separar o que está unido
por um motivo qualquer
no limite a morte
isto não pode fazê-lo menor
que as outras pessoas
porque é algo comum a todas elas
sinta-se triste espere seu luto
difícil mas que também precisa passar
não se torne menor do que você é
se é difícil compreender
não é impossível suportar
não é difícil esperar o tempo que torna
as dores antigas outras florações
como reflorescer a flor do lótus
no tempo exato
nem antes nem depois
estas coisas te digo como o cego
que volta a perceber o mundo
com a delicadeza do pólen
com o silêncio do beijo que lhe dou
quando você não vê

Carinho

eu não posso ser para você
o que você quer ou precisa
eu tenho meu amor e meu carinho
mas o que cada um entende
por amor e carinho?
você quer sol para andar na rua
eu quero chuva para que minhas raízes
se transformem em plantas completas
nós nos procuramos todos os dias
onde não estamos
como poderíamos nos encontrar?
não falemos de velhas feridas
todos os dias as feridas já são outras
porque nosso eu as faz diversas
é tolo explicar tudo com palavras
que podem fazer um sentido convencional
a vida não tem convenções
por isso estamos
ainda bem
vivos

Sabedoria

quando há uma separação
vem junto a raiva a tristeza
o desequilíbrio que toca o corpo e a vida
procuramos aliados
falamos do que ocorre com muitos amigos
buscando apoio razão perspectivas
depois se somos um pouco sábios
a serenidade volta
vemos o outro com nova alegria
e agradecemos o tempo que ficou conosco
se somos agradecidos a quem viveu
um trecho de tudo isso conosco
é porque já alcançamos
muito da sabedoria

Família

uma família se faz todo dia
não existem pais e mães bons
nem filhos ótimos
a família e cada um dentro dela
tem vida difícil
cuja sabedoria precisa aprender
desde cedo quando acorda
até à noite dormindo
família não nasce pronta
família não fica nunca pronta

Sereia

nós nos afastamos tanto
que eu tenho medo de perder
a sua sensibilidade
o seu sentido
exercícios de separação são inevitáveis
em uma relação longa
o mundo chama por outras vozes
em nós há outras vozes
que nos chamam
ouçamos o que dizem
mas não façamos nada definitivo
a vertigem da viagem
me toma
vamos nos dar as mãos
vamos nos amarrar ao mastro
enquanto sereias cantam
ainda que cantem em nós mesmos

Felicidade

a felicidade dispõe do corpo
relaxa o nervo ótico
baixa a pressão
torna mais lento o ritmo do coração
expulsa ideias tolas da cabeça
remoça
renova o vigor sexual
torna prazeroso conversar com qualquer um
fazer compra na feira
dar esmola no ônibus
ficar com menos grana do que em geral se deseja
a felicidade ameniza o desejo
torna o mundo possível
eu já fui muito tempo triste
mas hoje às vezes me sinto feliz
de um modo incurável
imagino: como é possível isso?
a felicidade é uma chuva prazerosa
nunca ande por aí de guarda-chuva

Sulco

tudo que acontece em uma relação
cria um sulco para ela correr
toda delicadeza é inesquecível
pequenos atos de carinho
são indispensáveis em nossa vida
em que são tão raros ou interessados
mas as dificuldades por sua vez
criam outras e se tornam crônicas
o ambiente comum fica saturado de mágoas
como uma pastelaria de gordura

História

há uma historia que você conta
com a ajuda de outros
intercalada de incoerências
lapsos esquecimentos
que talvez formem outras histórias
e que se movem e empurram
como as camadas profundas da terra
há também ainda outras histórias
a das coisas que importam e foram esquecidas
e daquelas que nossa atenção
precisa restringir dados nossos limites físicos
há pois várias histórias
múltiplas às vezes quase indizíveis
formadas com materiais das sensações
de ideias de algum sentido
e um pouco de lógica embora não necessária
criando sua pulsão para o bonde
nos limites do que nosso corpo permite
nosso ambiente e constituição
mais restritos ou generosos
a isso chamemos por conveniência vida
podemos construí-la como um possesso
ou deixa-la correr como um dom
que se recebe e se reparte
muitos a contam a partir de mitos e dogmas

mas eles não são senão esforços
para dar consistência ao que achamos insatisfatório
mas talvez seja assim mesmo
ou regras para não nos batermos
contra o que cedo nos designaram o cominho
pois bem não há caminho
nem caminhante
já disse um poeta os céus passam
mas as nuvens permanecem

Um homem bom

até Jesus Cristo teve daqueles dias
quando disse: "Eu não vim trazer paz,
vim trazer a espada. Arredem o pé daqui!"
mas eu mesmo não consigo entender
como as pessoas podem ter tantas
convicções firmes e tomar ares
eu refiro procurar entender
muitas coisas falo nos meus poemas
mas sou uma pessoa calma
no fundo acho que sou
um homem bom

Ai de quem escreve!

ai de quem escreve!
paciente diz o que procura
o que pode ser buscado
mas se põe sempre aquém
inadequado
suas palavras querem cumplicidade
mas se dirigem a um ente imaginário
em seu próprio peito
carne do mundo
ai de quem é lido!
uns e outros viram a cabeça
e pensam por que
ele diz isso?
mas só por um segundo
exceto para os que fizeram
da leitura uma profissão
ou um estranho lazer

Velha com seu véu

a velha com seu véu
pede fiado ao céu
para não pagar seu pecado
que há pecados amargos
e doces
a idade lhe deu sabedoria
para escolher
feliz de quem vai ao céu
por livre escolha
perdendo-se aqui e ali
iluminuras das tentações nossas
das inúmeras das tentações nossas
das inúmeras quedas
o céu são sonhos
não um fardo que se recebe
na pia do batismo

Uns

eu gosto docê
fica mais simples
enterramos a machadinha
reaparece um certo rumo
a velha esperança volta
e o patrimônio desses anos todos
rebocamos sem cal e cruzes
sem fissuras aparentes
toma minha mão de antigo amigo
todos nós não somos grande coisa
mas não temos outros

Viagem

duas pessoas fazem lado a lado
viagens distintas
por itinerários que parecem se confundir
mas que cruzam paisagens diversas
perigos e distrações diferentes
duas pessoas nunca estão lado a lado
talvez queiram se aproximar
para isso viajam tanto
mas uma para em Alto Paraíso
outra em Ponta Grossa
tão estranho é o mundo de cada um

O que fazer na vida

sempre é gostoso ir ao psicanalista
e falar como Woody Allen
de Deus e do sentido da vida
ou falar do pai da mãe da vida de casado
e dos múltiplos sintomas que envergamos
às vezes como um emblema
de algo que procuramos
mas talvez a psicanálise seja para discutir
coisas mais simples e banais
nelas também está o doloroso e o difícil
é também interessante ser pró-ativo
encontrar amigos visitar outra cidade
cuidar da saúde e da alimentação
ver os irmãos cozinhar para alguém
um bom almoço estudar caminhar mais
há tanto o que fazer na vida!

Para Ivone e Mônica

Olhar

nunca a olhei direito
tive medo timidez
olhei sempre rápido
e me desviei
vi seus pés
percebi quando cortou o cabelo
mas nem sei dizer se é mais alta
ou mais baixa
que a imagem
guardada em mim
ela tão clara e intensa
quando há uma conversa entre muitos
posso vê-la menos embaraçado
se estamos sós sumo
me afundo
me perco

Criação

o mundo não foi feito em seis dias
também não existe para nós
desde a pré-história
ele não está ainda feito
e nós somos uma possibilidade
para um dia futuro
esta é uma visão otimista
outra pessimista seria dizer
que tudo está completo
que é assim mesmo
e que quem pode manda
quem tem juízo obedece
não há ideia menos atual
da que houve um dia uma criação
ou que descendemos
de um honrado antepassado
nós nos criamos a cada instante
sempre com mais dificuldade
ou somos destruídos
na violência do mundo e dos seres
ai de quem mantém sua integridade
este nunca saberá ao certo
o que é a verdade

Skatista

o skatista é um obstinado
seus pés estão sempre em um shape
não em qualquer um
mas no que ele julga por experiência
preciso exato
seus olhos procuram gaps corrimãos
descidas arcos
o seu mundo é feito de formas
que ele pode subir descer contornar
sempre de modo inédito
quando consegue com muito treino
fazer bem uma manobra
logo a diferença liga a outra
enquanto busca a liberdade
que um bom patrocínio confere

Para Mateus

Corpo

quando toco meu corpo que se fragiliza
com o tempo e com a dor
dos quais tive sempre claro sentimentos
lembro uma foto de Picasso idoso
apenas de calção
dançando em seu estúdio
penso que o corpo e a vida
pertencem em sua fibra íntima
à alegria e ao prazer
mesmo que queiramos mudar o mundo
ou nossa cabeça
mesmo quando a alegria não parece certa
lembro Goethe que com mais de oitenta anos
apaixonou-se por uma adolescente
lembro Marx viúvo perdido ante o Mediterrâneo
já sem poder contar com o bom combate
ao lado de Jenny Von Westphalen
como é torpe a tristeza o desalento
não vivemos em vão
estes tempos idos e vividos

Mãe

é difícil mas uma mulher com filhos
pode amar outros alguém
mesmo que tenha o sobrenome do marido
mesmo que este a chame de mãe
e admire perante os outros
seu dom de ser ótima mãe
de filhos inteligentes e bonitos
que vivem numa família modelo
mesmo que a obrigue a chama-lo de pai
e como tais pais e filhos sigam
da casa da vó e do vô para a igreja
com a ideologia perfeita
do matrimônio mais sagrado
esta mulher de repente
pode amar outro alguém
mesmo que pai não possa pensar nisto
mesmo que seja inseguro
e peça ajuda aos irmãos
sim esta mulher pode amar

Decisão

as escolhas que fizemos
em algum momento
criaram sulcos pelos quais
a vida flui como por necessidade
negando que somos livres
ao menos são rotas mais fáceis
nosso corpo morre suas mesmas mortes
nossa alma perde mais do que deveria
para o universo
poderia ser mais sua
ter mais prazer
aprender a se cuidar
dizer: até aqui é o mundo
daquela risca para lá sou eu
a liberdade é uma decisão
quando a vida está sob risco
e está todo momento

Felippe

se tiver sorte muitos poderão te chamar
de pastor doutor ou professor
mas poucos poderão te chamar de irmão
se tiver sorte com as mulheres
poderá casar-se até com cinco
mas uma ou duas serão os seus amores
se for abençoado poderá ter muitos vizinhos
mas poucos serão mesmo os seus amigos
se for mais abençoado ainda
as crianças andarão à sua volta cantando
mas quantas delas serão seus filhos?

Outras historias apócrifas

1
jamais seria um varão de Plutarco
por não ter em minha vida
muitos fatos memoráveis

2
segundo Plutarco devemos a publicação
dos livros da Metafísica de Aristóteles
a uma desavença íntima entre o filósofo
e Alexandre, que os considerava
uma troca íntima de segredos

3
meus livros do ginásio pintavam Genghis Khan
como um bruto sanguinário
mas no cinema aprendi que ele era
um belo homem carinhoso
que uniu os mongóis e criou os filhos
que sua mulher teve quando prisioneira

4
Genghis Khan considerava o mongol
a mais bela língua do mundo
sonhando que um dia todo mundo
falaria mongol

Salários

1
o salário não dá para a comida
então a empresa paga
um tanto para ajudar no rancho
mas como esse dinheiro é para a casa
a empresa paga um vale refeição
para o dia a dia
mas como o mercado aceita esse vale
e tudo entra na receita da família
fica-se sem comer durante o dia
exceto por uma parada para tomar
um lanche trazido na sacola

2
quando o movimento é menos
e bate a larica
o motorista e o cobrador do ônibus Higienópolis
ao passarem pelo ponto perto
do colégio Madalena Sofia
dão uma parada rápida para comprar pão
que é barato
e comer com uma garrafa de café com leite
no terminal sem nenhuma acomodação
para um pequeno memento de intimidade

Cidade

1
mesmo numa sociedade
bem organizada
em uma cidade onde todos
entendem sua mão para o outro
há quem não deseje morar aí
e prefira morar nos porões
e nos desvãos
prefira não esperar nada
e falar a língua rara dos desajustados
é incrível como são felizes às vezes
assim como nós ou até mais

2
eu não devia ter te incomodado
não devia ter confessado
coisas que a custo se dizem
palavras que são pérolas caras
pelas quais se muda de vida
eu devia ter ficado quieto
na minha
mas não é que não pude?

Sereno

essa pessoa complexa e difícil
com muitos interesses
tenta desenhar o mais fiel
mapa do império
por imenso e redundante
que ele resulte
caminha sem excesso
mas sem serenidade também
quem o conhece não imagina
seu obscuro desejo
seu jejum
sua tendência ao ridículo
quando tenta falar deles
mas que irrompe na calma do dia
como um raio no céu sereno

Casamento

casamento não é para preguiçosos
uma forma de viver a vida de todos os dias
cuidado da gripe do filho
e planejando compras para o dia das mães
ele requer um pouco de imaginação
para renovar o amor que um dia
no peito se encerrou
requer inteligência mesmo ou ainda mais
se seu parceiro não tem muita
separe um dia para passear
para ouvir música ou beber um vinho
o carinho não pode ser esquecido
há tantas coisas esquecidas no baú
Hanna Arendt teve muitos namorados
inteligentes e cultos
mas foi feliz com um homem simples
porém bondoso
seja também simples e bondosa
não peça mais que bondade e simplicidade
não se perca em uma relação
mais aparente e formal que verdadeira
não deixe que a vida passe
que a tensão passe mesmo que pouca
ou deixe esse homem de uma vez

Sibéria

há Sibérias em nós
por que atentamos contra o Czar
com suas botas quadradas sem salto
suas dragonas
sua estúpida lassidão e crueldade?
porque precisamos disso
no mínimo para nos sentirmos vivos
já que não basta apenas viver
é preciso transgredir
por motivos políticos filosóficos
mas também pela loucura
que tudo isso vai produzindo em nós
esse frio essa vodka essa peliça desgastada
e essa parte da loucura
que nada preciso contém
são ilhas que derivam
pela correnteza do Nievá

Amar

há pessoas que deveríamos
amar com mais intensidade e cuidado
mas não podemos
não entendemos por quê
estamos preocupado com outras coisas
com a alucinação da passagem da vida
não nos propomos objetivos claros
nem o amor pode ser um objetivo
pior é quando as cobre a pátina da morte
nossa culpa nossa dívida
nosso impossível recomeço
impossível outra tentativa
tudo quebra nossa vida
viver aos pedaços é o que podemos

Mistérios

a vida e a morte são misteriosas
mas em que consiste o seu mistério?
no fato de não sabermos jamais
como elas se fazem
um dia nos percebemos isto e aquilo
casamos temos filhos separamos
temos tantos planos
e ao mesmo tempo tantos sentidos
se ganham e se perdem
não dominamos esse curso
um dia uma amiga nos liga
não estou bem
e pressentimos: minha amiga vai morrer
e embora vá ao médico e tudo mais
parte na noite como uma gota de chuva
suave se perde na terra
mas para nós como um abalo enorme

Céu

é bom olhar para a vida
e poder dizer: como tudo correu bem
segui o conselho dos velhos mestres
acertei no varejo e no atacado
como fui feliz!
se alguém chega a dizer isso
está realizado e só resta morrer
achará o céu meio vazio
mas nesta vida também esteve
muito só!

Saudade do futuro

quando jovem pensei como Renato Russo
que ia mudar o mundo
fui trabalhador brigão e gentil
para com as pessoas simples
ninguém mais jacobino que eu
hoje me assaltam medos
um amigo disse que felizmente ele não veria
o futuro
e tive a dimensão do que acontece
continuo fazendo o que aprendi
mas viver é difícil e ao mesmo tempo
uma necessidade
eu tinha saudade do futuro
hoje procuro conservá-la

Esquerda

sempre que estiver
em uma encruzilhada
tome o caminho da esquerda
não ouça quem diz que nessa direção
não há caminhos
cante a Marselhesa
olhe como as pessoas simples vivem
e ouça o que essas pessoas querem
ou nem sonham em querer
porque não sabem sair das cruzes
de suas vidas
ajude todos a sair das encruzilhadas
se há poucos caminhos claros na vida
tome o bom caminho
vá sempre pela esquerda

Altar

no meu criado-mudo coloquei
um São Francisco de madeira
comprado na Lembranças do Paraná
e umas imagens do Buda que comprei
pela vida
coloquei sobre uma toalhinha
diante de uma mala e um rosário
quando minha mulher
pôs ali um outro objeto
tive de advertir que aquele era um altar

Rósea

sua pele rivalizava com a das rosas
e rósea fugia do sol
andava com passo calmo
das pessoas bem postas
que não precisam licença
para andar no mundo
mal percebia os rastros na noite
dos nossos olhares sucumbidos
abertos como um diafragma
de uma rolleyflex sobre sua imagem

Gostar

não e que ele não goste
das coisas
ele inclusive gosta
mas sempre do jeito dele
que ele precisa explicitar
como um viajante no ermo
precisa explicitar para si
o seu caminho
o que está fazendo
então parece uma coisa
meio viajante
mas é algo muito calculado
muito bem fundamentado
embora ele mostre mais
os resultados para quem ele sabe
que é inútil falar muito
ou quando quer se poupar
de tanto trabalho
pois não é que a vida é trabalhosa?
nisso eu concordo com ele

Para Ednílson

Poeta

eu não sou um advogado
sou um poeta
não dou conselho sobre nada
não sou um doutor
não sou um professor
as coisas que digo escapam de mim
quando já não consigo sentir-me
tão só e aturdido
não sei pensar muito bem
pensar é difícil
não sou um filósofo
sou um poeta

Olhar

não há cortina indevassável
diante do olhar aflito
ele pede para ser visto
o que a boca não pode dizer
ele grita
ai de quem quer calá-lo
são tristes as mulheres
que transidas de dor
afogam-se em silêncio
no banheiro
tristes os que no seu coração
velam suas dores
e partem para uma direção
que ninguém pode seguir
ai dos olhos que vejo
sem poder dizer
por eles como são doídos

Pétala

amo mais a página que a pétala
não tenho a paz dos jardins
e dos caminhos no campo
a nós foram roubados
o mundo e a cidade
restou-nos a alavanca da cabeça
e o segredo do quarto
sem ordem sem compromissos claros
mas vital escolho o que me diz
um dia estivemos aqui
relembre os poetas que cantaram
seu tempo
e depois morreram
basta isto a um homem e a uma rosa

Meio amargo

amores amargos
nos deixam com um único tema
quando todos se esqueceram do assunto
ele retorna na conversa
não há dermatite pior
coça coça coça
depois um belo dia passa
e perguntamos:
para que tudo isso?
Senhora Nossa!

Humano

de uma pessoa sabemos menos
que de nós mesmos
se é possível confiar nas aparências interiores
que formamos de nós
por imperativo de lógica e coerência
por uma indefectível autoestima
assim descobrimos um dia que nosso pai digamos
teve outra família
que temos irmãos que desconhecemos
e nossa história pessoal se tumultua
além do que já a tumultua
além do que já a tumultuamos
sem perceber que tudo o que aprendemos
nos torna mais humanos
que o primeiro pecado respondeu
pelo primeiro perdão
mas temos pressa em encontrar
os sentidos que nos vão faltando
sempre mais ou sempre menos
quando o melhor seria despir-nos
de razões que interessam muito à organização
ensandecida do mundo
mas não ao pouco que ele dele e de nós
podemos salvar e amar

Segredos

segredos se guardem
e não se exponham
quem puder ver em nós
o que somos
verá sem que mostremos
é tão natural
pessoas se encontrarem
e sem entender por que
serem tão cruciais
uma para a outra
o tempo é a sua matéria
os sonhos
os arrependimentos
o tempo voraz
a fotografia instável

Oitos anos

ai que saudade que eu tenho
do leite que eu bebia
na aurora da minha vida!
aquelas duas polegadas de nata pura
aquela cor amarelada
boa para a manteiga e o queijo de coalho
boa pra menino crescer sadio
naquele capim gordura
entre bostas e lodaçais!
há quem cedo se interrogue
sobre Deus e a metafísica
como era mister tempos d'antanho
eu queria só beber meu leite
bruto guloso feliz
ai quando eu tinha oito anos!

Alfanje

há livros que compro
e guardo zeloso
mas sem ler
uma novela de Babel
um antologia do conto russo
uma edição completa
dos poemas de Brecht
deixo para ler quando nada turvar
o meu espírito
como quem bebe champanha
em sua coroação
creio que vou lê-los no dia
em que estiver à morte
fecharei a casa como se já
tivesse partido
farei um café forte
e me sentarei por horas
à mesa de trabalho
ouvindo lá fora a indesejada
afiar seu alfanje

Renascimento

só quem tem ouvidos
escuta o silêncio
só quem possui olhos
vê a escuridão
só quem tem língua
sente gosto ruim
só quem tem boca
sente fome
só quem se sente morto
pode desejar renascer

Noturno

após um dia sem naufrágios
sento-se na amurada
e observo o cair do sol
com sua sobera magnificência
ainda agora ouço
abaixo de mim
o rumor de devoração do mar
que me quer
mas não me alcança
quero pensar mas não convém
melhor o gesto pronto
o fôlego inteiro
o braço ainda forte
prendo-me a mim
enquanto metade do mundo se põe
e minha pequena vela acendo
protegendo-a da brisa

Boticário

nossas flores parecem cinzentas
mas não repare: é o mundo
no íntimo são vestais
imunes ao tédio
e à corrosão do tempo e dos juros
em qualquer lugar se têm
de inventar um tanto a primavera
ver que em cada moça do Boticário
há um desejo que as luzes
da empresa empanam
há tantas rosas no mundo
antes digamos: na natureza primordial
intocada pelo mundo
há uma manha que toda garota
sabe usar contra os namoradinhos

Para Rosana

Maturidade

depois de vinte e três anos
indo ao cinema com os pais
irmãos ou namoradas
ele decidiu ver um filme
que lhe parecia importante
sozinho
dirigiu até a cinemateca da prefeitura
comprou o ticket do seu bolso
e após a sessão tomou
um café com conhaque
meditando na sua vida

Quadrophenia

muitos construíram então
identidades fortes
combinando amizades e amores
muita festa a cabeça doida
brigas e nenhum motivo que sobrevivesse
para que um não se transformasse
depois da festa em carregador de malas
no hotel ou professor de economia
muitos eram pirados de Jesus
que passavam em suas bikes
gritando a cada um
"Jesus te ama"
ou artistas cuja arte não sobreviveu
à mudança de clima
outros morreram muitos
da aids de drogas de bebida
mas apesar de tudo deram tudo de si
foi um período não apenas divertido
mas generoso e no qual quase todos
floresceram para o futuro
que não pôde acontecer

Buscador

quando as coisas vão mal
as pessoas perdem a fé
outras insistem na fé
e negam as coisas
estejam mal
ou que não possam ser mudadas
há pessoas para as quais
a melhor confirmação de sua fé
é o mundo ir muito mal
era esperado
foi predito
os homens são maus por natureza
e merecem o que têm
há ainda os que buscam
e colhem indícios do que buscam
no mundo
quando não sabem ao certo
que busca é essa
creem estar no caminho certo
melhor o que busca
do que aquele que crê
ter encontrado

Casas

1
as casas envelhecem
os beirais estragam
a tinta descasca e queima de sol
pequenos diques na aparência doméstica
é preciso pintar a casa
quem pintará o nosso rosto?

2
você reza toda noite
e depois vai dormir
mas antes você toma o remédio?
então não adianta
é preciso esquecer também o remédio

Liberdade

o mundo não é uma prisão
precisamos crer na nossa liberdade
como um princípio moral
Madre Teresa de Calcutá ajudava
velhos e doentes em geral a morrer
com dignidade
é preciso chegar antes
a tempo de viver sem medo
não ter medo é uma prerrogativa humana
assim como ser livre

Maturidade

não são as crianças ou os velhos
que demandam mais nossa paciência
eles têm reservas de carinho
e seu jeito peculiar de ver as coisas
engraçado ou penoso
mas pleno de sensibilidade e medo
é preciso ser calmo com eles
estar à sua altura
mas os jovens e maduros
que pensam mover o mundo
e fazer a sua vida
são mais enérgicos e inconsequentes
nos põem fora de nós
quando aparentam saber o que fazem
distam a uma distância segura
de nossos reparos
estes só demandam nossa paciência
mas pouco a alimentam
a sua arrogância é quase insuportável
neste mundo que pede tanto
pessoas humildes
que saibam dar marcha-a-ré
paradas estratégicas para pensar duas vezes
serena moderação despojamento
quantas dificuldades enfrenta maturidade
como é indigna desse nome!

Arco-íris

quase nunca as coisas são
preto e branco
há antes infindas modalidades
do cinza
mesmo quando se olha um arco-íris
e se contempla cores
nunca se sabe bem
quantas cores há no céu
sete? setenta?
senta vezes sete?

Valor

parece-me meridiana clareza
atribui o valor dos objetos
ao tempo de trabalho
destinado a fabricá-los
pois o que o trabalho mais demanda
de nós é nosso tempo
o tempo da vida
vida que se curva
a um mundo que não podemos ganhar
mas que somos obrigados
a reiterar

Ano novo

quando comemoramos o ano novo
é hora de perdoar os amigos
e pedir perdão por si mesmo
pois a velha vida está mais frágil
para todos nós

Este livro foi produzido no Laboratório Gráfico
Arte & Letra, com impressão em risografia e
encadernação manual.